AF603316

IMPRIMERIE HENRI SCHILLER
2, PLACE DE LA RÉPUBLIQUE

CATALOGUE

DES

TABLEAUX MODERNES

PAR

C. COROT. — COUTURE. — C. DAUBIGNY. — DIAZ, N.
DUPRÉ Julien. — Ch. JACQUE, etc.
Très beau Portrait par G. COURBET

TABLEAUX ANCIENS

des diverses Écoles

Aquarelles. Dessins, Gravures

FAÏENCES — PORCELAINES — GRÈS

MEUBLES ET SIÈGES

Bronzes d'Art — Pendules

TAPISSERIES ANCIENNES

du XVIe au XVIIIe Siècle

des Manufactures d'Aubusson, Bruxelles, Arras etc.

BRODERIES — OBJETS VARIÉS

Émaux cloisonnés et Champlevés, Bois sculptés, Armures, Armes

OBJETS DE VITRINE

dont la Vente aux enchères publiques après décès de M. CHÉRÉMÉTEFF

AURA LIEU

HOTEL DROUOT - Salles Nos 10 et 11 réunies

Les Vendredi 11 et Samedi 12 Décembre 1908

A DEUX HEURES PRÉCISES

---

par le ministère de **Me E. BOUDIN,** Commissaire-Priseur
14, Rue Grange-Batelière

Pour les Tableaux Modernes :
MM. J. CHAINE & SIMONSON
EXPERTS
19, Rue Caumartin, 19

Pour les Tableaux Anciens et Objets d'Art :
MM. PAULME et B. LASQUIN Fils
EXPERTS
10, Rue Chauchat - 12, Rue Laffitte

Chez lesquels se distribue le Catalogue

EXPOSITION PUBLIQUE

Le Jeudi 10 Décembre Salles 10 et 11 réunies de 1h. 1/2 a 5 h. 1/2

CONDITIONS DE LA VENTE

Elle sera faite *au comptant.*

Les adjudicataires paieront *Dix pour cent* en sus des enchères.

L'exposition mettant le public à même de se rendre compte de l'état et de la valeur des objets, aucune réclamation ne sera admise une fois l'adjudication prononcée.

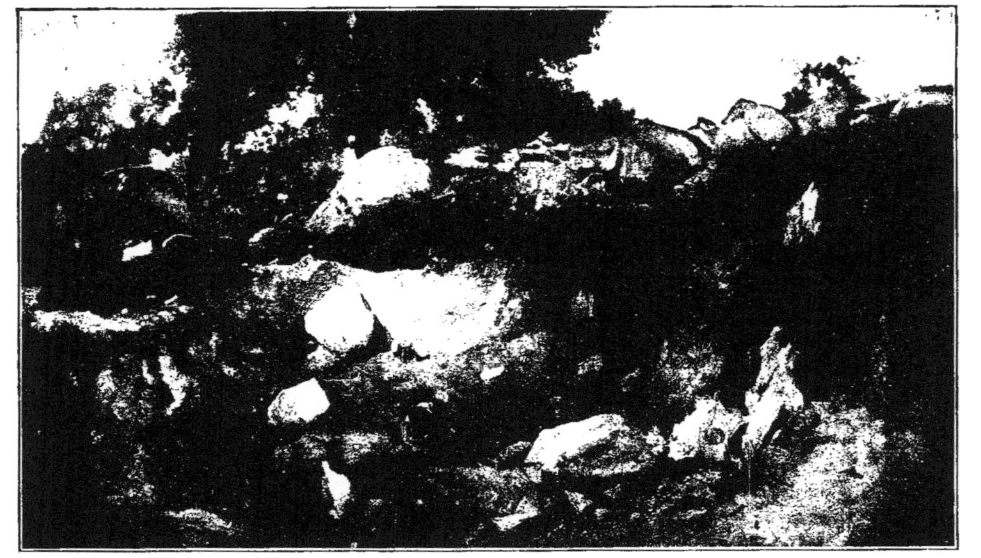

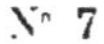
N° 7

Cliché Braun, Clément et Cie

TABLEAUX MODERNES

DÉSIGNATION

AGASSE

1. — *Chèvre blanche.*

Genève 1796.

BOICHARD, A.

2. — *Marie-Antoinette à la Conciergerie.*

SIGNÉ A DROITE; daté 1864.

Toile Haut. 0m81; Larg. 0m65.

BRISSOT, F.

3. — *Troupeau de Moutons dans la montagne.*

SIGNÉ A DROITE.

Bois Haut. 0m25; Larg. 0m36.

CARRÉ SOUBIRAN

4. — *Église en Russie.*

SIGNÉ A GAUCHE.

Toile Haut. $0^{m}41$; Larg. $0^{m}33$.

COLIN-LIBOUR

5. — *Pêches au vin.*

SIGNÉ A GAUCHE.

Toile Haut. $0^{m}27$: Larg. $0^{m}21$.

CORDIER, Louis

6. — *Vieilles Masures.*

SIGNÉ A DROITE.

Toile Haut. $0^{m}32$; Larg. $0^{m}41$.

COROT, C.

7. — *Les Roches dans la forêt de Fontainebleau.*

SIGNÉ A DROITE.

Toile Haut. $0^{m}33$ 1/2 ; Larg. $0^{m}58$ 1/2.

COROT, C.

8. — *Bords de rivière; esquisse.*

SIGNÉ A GAUCHE.

Toile Haut $0^{m}22$; Larg. $0^{m}32$.

COURBET, G.

9. — *Portrait présumé de Gustave Mathieu, poète chansonnier.*

Il est vu de trois quarts et à mi-corps ; il est vêtu d'un veston en velours marron laissant voir un gilet gris, la boutonnière est ornée d'un petit bouquet.

SIGNÉ A GAUCHE ; Daté 69.

Toile Haut. $0^{m}73$; Larg. $0^{m}60$.

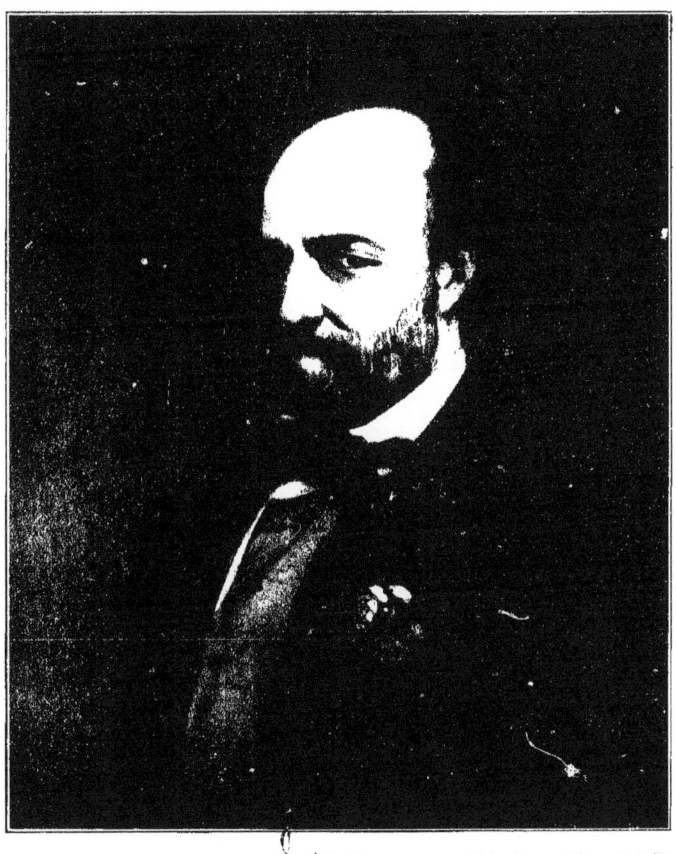

N° 9 Cliché Braun, Clément et Cie

COURBET, G.

10. — *Lisière de Forêt.*

SIGNÉ A GAUCHE.

Toile Haut. 0m50 ; Larg. 0m.61

COUTURE, T.

11. — *Figure académique.*

SIGNÉ A GAUCHE. T. C.

Toile Haut. 0m88; Larg. 1m17.

12. — *Le jeune Tambourineur.*

SIGNÉ A GAUCHE. T. C.

Toile Haut. 0m51; Larg. 0m32.

DAUBIGNY, C.

13. — *Villerville; paysage avec animaux.*

No 339 du catalogue de la vente faite après le décès de l'artiste.

A GAUCHE LE CACHET DE LA VENTE.

Toile Haut. 0m50; Larg. 0m80.

DAUBIGNY, C.

14. — *Le pré des Graves.*

No 399 du catalogue de la vente faite après le décès de l'artiste.

A CAUCHE LE CACHET DE LA VENTE.

Toile Haut. 0m51; Larg. 0m82.

DAUBIGNY, C.

15. — *Villerville.*

No 340 du catalogue de la vente faite aprèe le décès de l'artiste.

CACHET DE LA VENTE A GAUCHE.

Toile Haut. 0m50; Larg. 0m80.

DAUBIGNY, C.

16. — *Les Meules; Clair de lune, esquisse.*

La signature parait apocryphe.

Bois Haut. $0^{m}25$; Larg. $0^{m}45$.

DAUBIGNY, (École de)

17. — *Paysage; Soleil couchant, esquisse.*

Toile Haut. $0^{m}50$; Larg. $0^{m}80$.

DELAMARRE, Th.

18. — *Chinois décorant un vase.*

SIGNÉ A GAUCHE.

Bois Haut. $0^{m}19$; Larg. $0^{m}15$.

DIAZ, N.

19 — *Orage en mer.*

No 64 du catalogue de la vente faite après le décès de l'artiste.

SIGNÉ A DROITE N. Diaz.

Toile Haut. $0^{m}84$; Larg. $1^{m}21$.

DIAZ, N.

20. — *Paysage; Ciel orageux.*

No 67 du catalogue de la vente faite après le décès de l'artiste.

CACHET DE LA VENTE A GAUCHE.

Bois Haut. $0^{m}55$. Larg. $0^{m}67$.

DIAZ, N.

21. — *Intérieur de forêt; Tronc de hêtre.*

No 83 du catalogue de la vente faite après le décès de l'artiste.

CACHET DE LA VENTE A DROITE.

Toile Haut. $0^{m}50$; Larg. $0^{m}36$.

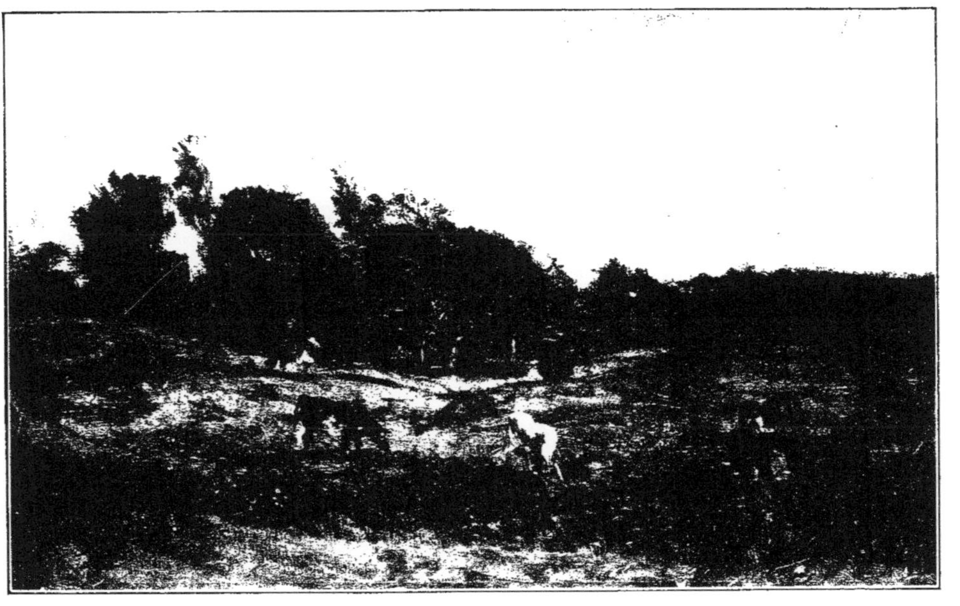

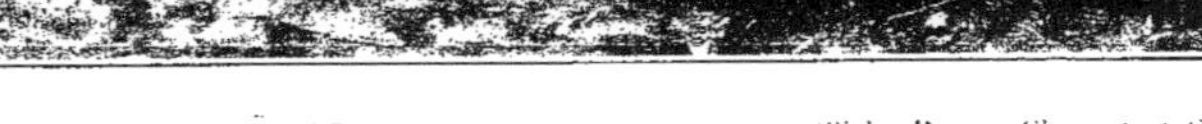

N° 43

Cliché Braun, Clément et Cie

DUPRÉ, Julien

22. — *Animaux à l'abreuvoir.*

SIGNÉ A DROITE.

Toile Haut. 0m65; Larg. 0m81.

DUPRÉ, Julien

23. — *L'Heure de la Traite.*

SIGNÉ A GAUCHE.

Toile Haut. 0m46; Larg. 0m61.

FABRON, L.

24. — *Femme Orientale.*

SIGNÉ A GAUCHE.

Toile Haut. 0m65 ; Larg. 0m54.

25. — *Jeune Mulâtre.*

SIGNÉ A GAUCHE; daté 1877.

Toile Haut. 0m45; Larg. 0m38.

FRÈRE, Th.

26. — *Vue de Jérusalem côté de la porte de Damas.*

SIGNÉ A GAUCHE.

Bois Haut. 0m26; Larg. 0m41.

GARDANNE

27. — *Un Dragon 1860.*

SIGNÉ A DROITE.

Carton Haut. 0m22· Larg. 0m17.

GHIRARDT

28. — *Paysage; Soleil couchant.*

SIGNÉ A DROITE.

Bois Haut. 0^{m}21; Larg. 0^{m}33.

GRANDINEAU, H.

29. — *Une rue de Paris sous la neige.*

SIGNÉ A DROITE.

Toile Haut. 0^{m}32; Larg. 0^{m}41.

HAGEMANN, A. DE

30. — *Valet de chien conduisant un relai dans la forêt.*

SIGNÉ A GAUCHE.

Toile Haut. 1^{m}46; Larg. 1^{m}13.

31 — *Campement Arabe.*

SIGNÉ A DROITE.

Toile Haut. 0^{m}32; Larg. 0^{m}23.

32. — *Les bords du Nil.*

SIGNÉ A GAUCHE.

Toile Haut. 0^{m}46; Larg. 0^{m}30.

33. — *Une rue au Caire.*

SIGNÉ A GAUCHE.

Toile Haut. 0^{m}46; Larg. 0^{m}30.

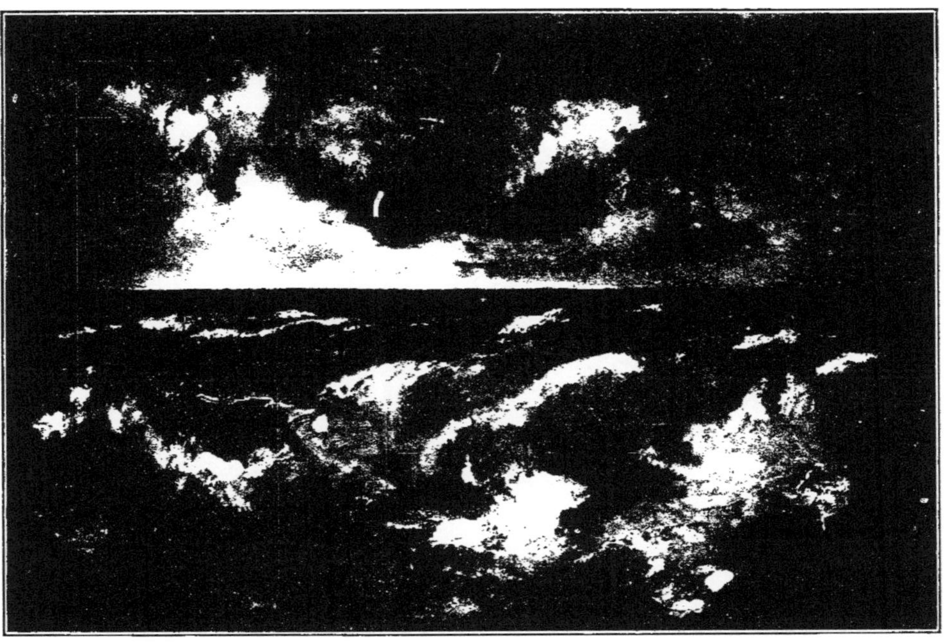

N° 19

Cliché Braun, Clément et Cie

JACQUE, Ch.

34. — *Troupeau de porcs dans la plaine sous un ciel orageux.*

SIGNÉ A GAUCHE ; Daté 1890.

Toile Haut. $0^{m}68$; Larg. 1^{m}.

JACQUE, Ch.

35. — *Étude de Mouton.*

SIGNÉ A DROITE Ch. J. ; Daté 87.

Toile Haut. $0^{m}65$; Larg. $0^{m}81$.

JACQUE, Ch.

(attribué à)

36. — *Paysan dans sa cour.*

Bois Haut. $0^{m}17$; Larg. $0^{m}22$.

LACROIX, P.

37. — *Groupe d'Oiseaux.*

38. — *Pendant du précédent.*

Bois Haut. $0^{m}46$; Larg. $0^{m}28$.

39. — *Merlans.*

40. — *Maquereaux.*

Bois Haut. $0^{m}46$; Larg. $0^{m}28$.

LEBOURG, A.

41. — *Un pont sur la Seine.*

SIGNÉ A GAUCHE ; Daté 1877.

Toile Haut. $0^{m}31$; Larg. $0^{m}47$.

LHUILLIER, Ch.

42. — *Tête d'Arabe.*

SIGNÉ EN HAUT A DROITE.

Toile Haut. 0m25; Larg 0m19.

43. — *Tête d'Arabe.*

SIGNÉ A DROITE.

Carton Haut. 0m19; Larg. 0m14.

44. — *Pompier de campagne.*

SIGNÉ A GAUCHE.

Toile Haut. 0m56; Larg. 0m27.

45. — *Officier de Pompiers de campagne.*

SIGNÉ A GAUCHE.

Toile Haut. 0m56; Larg. 0m27.

MANCINI

46. — *L'École endormi sur ses livres.*

SIGNÉ A GAUCHE.

Toile Haut. 0m67; Larg. 0m42.

MANCINI

47. — *Tête d'Italienne.*

SIGNÉ EN HAUT A DROITE.

Toile Haut. 0m55; Larg. 0m38.

MOULINET, Ed.

48. — *Le Cazziez.*

SIGNÉ A DROITE.

Toile Haut. 0m19; Larg. 0m24.

NEFF

49. — *Saint-Jean-Baptiste dans les roches au bord de la mer.*

SIGNÉ EN BAS AU CENTRE.

Toile Haut. 0m24 ; Larg .0m32.

PALIZZI

50. — *Un Ane.*

Toile Haut. 0m33 ; Larg. 0m24.

PAULI, R.

51 — *Paysage ; Soleil couchant.*

SIGNÉ A DROITE ; Daté 1882.

Toile Haut. 0m27 ; Larg. 0m46.

PHILIPPOFF

52. — *Cosaque retenant son cheval.*

SIGNÉ A DROITE.

Toile Haut. 0m46 ; Larg. 0m56.

PILS

53. — *Tête de Cheval ; étude.*

CACHET DE LA VENTE.

Toile Haut. 0m41 ; Larg. 0m29.

PORTAËLS

54. — *La Femme aux gants.*

SIGNÉ A GAUCHE.

Bois Haut. 0m80 ; Larg. 0m61.

Ste-MARIE, A.

55. — *Le Chenil.*

SIGNÉ A DROITE.

Carton Haut. 0m31; Larg. 0m43.

SCHEFFER, A. (?)

56. — *Scène de famille.*

SIGNÉ A DROITE.

Toile Haut. 0m22; Larg. 0m27.

VALLÉE, ÉTIENNE

57. — *Bords de Rivière.*

SIGNÉ A DROITE.

Bois Haut. 0m14; Larg. 0m21.

58. — *Plaine de Barbizon.*

SIGNÉ A DROITE.

Toile Haut. 0m27; Larg. 0m35.

59. — *Chêne au bord de la mare.*

SIGNÉ A DROITE.

Toile Haut. 0m27; Larg. 0m35.

ZONA, A.

60. — *Jeune femme tenant une lettre.*

SIGNÉ A GAUCHE.

Toile Haut. 1m16; Larg. 0m93.

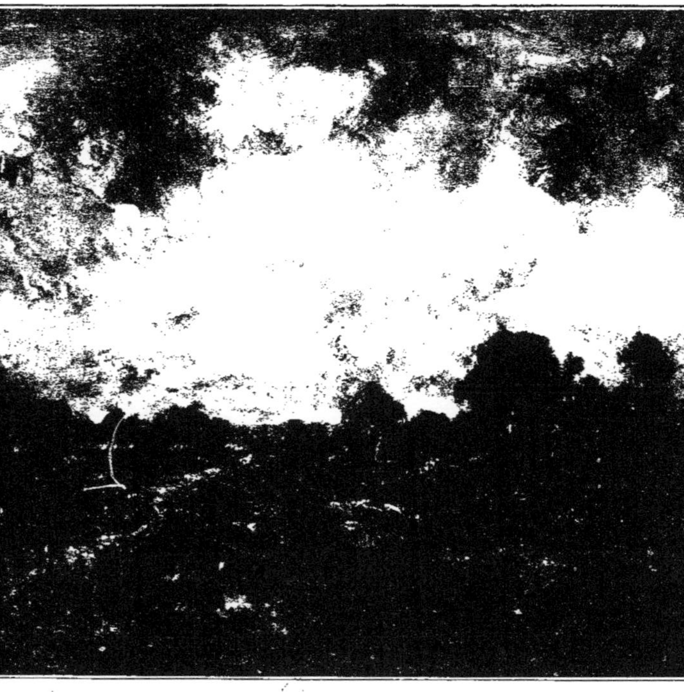

N° 20

Cliché Braun, Clément et Cie

INCONNUS

61. — *Intérieur de Forêt.*

62. — *Étude de pieds.*

63. — *Étude de roses.*

64. — *Nature morte.*

65. — *Animaux à l'abreuvoir; esquisse.*

66. — *Paysage.*

67. — *Paysage; Soleil couchant.*

68. — *Paysage; Bords de rivière.*

69. — *Intérieur; Guerre 1870.*

70. — *Marine; Soleil couchant.*

71. — *Tête de Mouton; esquisse.*

INCONNUS

72. — *Caravane.*

73. — *Tête de Femme coiffée de boucles.*

74. — *Paysage.*

75. — *Paysage; esquisse.*

76. — *Paysage.*

77. — *Paysage Italien.*

78. — *Roches en forêt.*

79. — *Chemin dans les Roches.*

80. — *Tête de Cheval.*

81. — *Tête d'homme; étude.*

82. — *Un Turco; étude.*

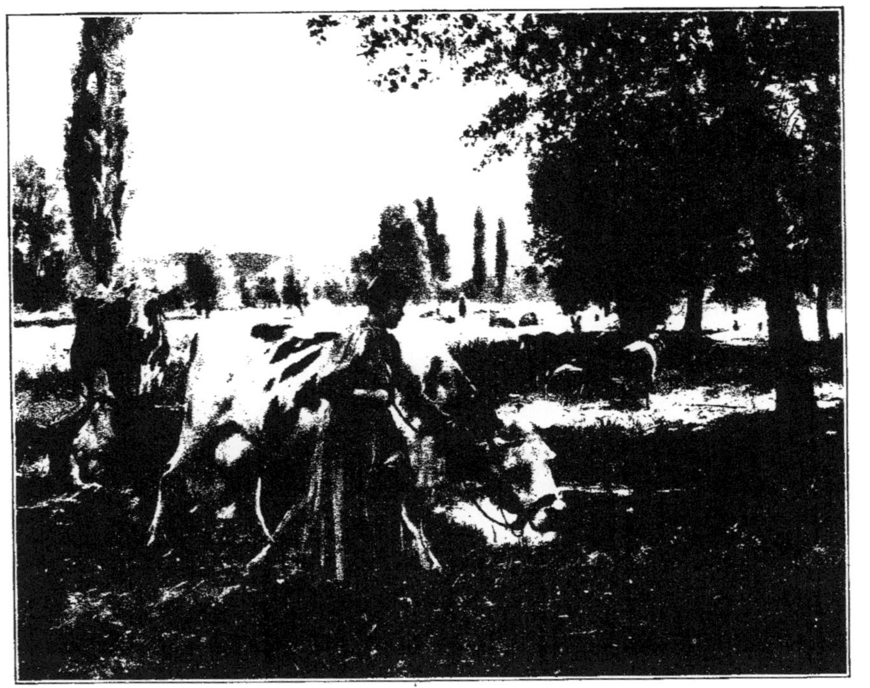

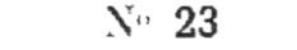

N° 23

Cliché Braun, Clément et Cie

INCONNUS

83. — *Chevaux de Ferme.*

84. — *Copie d'après Diaz.*

85. — *Portrait de Femme.*

86. — *Les Lagunes; Venise.*

87. — *Bords de Rivière.*

88. — *Paysage; Soleil couchant.*

89. — *Animaux aux pâturages.*

90. — *Paysage.*

91. — *Portrait d'homme; école de 1820.*

92. — *Étude au Trèport.*

93. — *Napoléon 1er et sa Garde Impériale.*

INCONNUS

94. — *Personnages en costumes de l'époque de Louis XV.*

95. — *Paysan travaillant aux champs.*

96. — *Étude en forêt.*

97. — *Tête de vieille femme.*

98. — *Tête de cheval blanc.*

99. — *Le Conseil de Guerre décide d'abandonner Moscou, 1812.*

Au premier plan le Maréchal Koutousoff et son état-major; copie d'après le tableau du Musée de l'Ermitage.

N° 34

Cliché Braun, Clément et Cie

DESSINS

AQUARELLES

COUTURE, T.

100. — *Portrait d'homme.*

SIGNÉ T. C. A DROITE.

Dessin crayon conté.

101. — *Un Pierrot; Étude.*

Dessin.

FLANDRIN, H^{TE}.

102. — *Tête d'homme; Étude.*

Dessin ; mine de plomb.

103. — *Tête d'homme; Étude.*

A DROITE LE CACHET DE LA VENTE APRÈS DÉCÈS.

Dessin à la sanguine.

GARDANNE

104. — *Un Guide, 1860.*

SIGNÉ A DROITE.

Dessin rehaussé.

105. — *Un Dragon, 1850.*

SIGNÉ A GAUCHE.

Aquarelle

HEBERT, E.

106. — *Pâtre Romain.*

SIGNÉ A GAUCHE E. H.

Dessin rehaussé.

JACQUE, Ch.

107. — *Berger conduisant un troupeau de moutons.*

SIGNÉ A GAUCHE ; Daté 69.

Dessin rehaussé à la sanguine.

Vue Haut. 0m24; Larg. 0m40.

JACQUE, Ch.

108. — *La basse-cour.*

SIGNÉ A GAUCHE.

Aquarelle & Gouache.

Vue Haut. 0m15 1/2; Larg. 0m22.

LEYS

109. — *Danse Flamande.*

SIGNÉ EN HAUT A GAUCHE.

Dessin à la sanguine.

TROYON, C.

110 — *Têtes de moutons ; Étude.*

CACHET DE LA VENTE, C. T.

Dessin.

TROYON

(attribué à)

111. — *Bœuf se frottant contre un arbre.*

Dessin.

VERBOECKHOVEN

112. — *Tête de bœuf.*

SIGNÉ A DROITE ; Daté 1839.

Dessin rehaussé.

VERNET, H.

113. — *Napoléon 1er.*

SIGNÉ A DROITE Daté Poltava 1842.

Dessin mine de plomb.

114. — *(Sous ce numéro les tableaux non catalogués.)*

TABLEAUX ANCIENS

DESSINS - GRAVURES

BLOEMEN (Peter Van)

115. — *Camp avec Cavaliers.*

Toile.

CUYP, A. (?)

116. — *Portrait de femme.*

col, nœud de ruban, coiffe

PANNEAU SIGNÉ EN BAS A DROITE

ET INSCRIPTION Aeta$^{\underline{ls}}$ 45 et daté 1657.

ÉCOLE ESPAGNOLE

117. — *Femme et Enfant.*

Toile.

ÉCOLE ESPAGNOLE

118. — *Tête d'Enfant.*

Dessin à la sanguine.

ÉCOLE FLAMANDE

119. — *Saint en prière.*

Panneau.

120. — *Ecce Homo,*
tête de Christ.

Panneau.

ÉCOLE FLAMANDE XVIe SIÈCLE

121. — *Portrait d'Homme et de Femme,*
dans un même cadre.

Panneau.

ÉCOLE FRANÇAISE

122. — *Portrait d'Homme,*
à perruque et jabot de dentelles.

Toile.

123. — *Portrait de Femme âgée,*
les mains jointes.

Toile.

ÉCOLE HOLLANDAISE

124. — ***Retour de pêche,***
fond de Paysage.

Panneau.

125. — ***Portrait d'Homme,***
en manteau rouge; revers bleus.

Panneau.

ÉCOLE ITALIENNE

126. — ***Anges en prière,***
deux pendants.

Panneaux.

127. — ***Sainte Femme,***
tenant un livre.

Toile

128. — ***Tableaux anciens non catalogués.***

129. — ***Gravures non cataloguées.***

FAÏENCES, PORCELAINES

GRÈS

130. — Bouteille en ancienne faïence italienne du XVIe siècle.

131. — Paire de grandes bouteilles en ancienne faïence de Delft, décor bleu à chinois et feuillages.

132. — Paire de buires en porcelaine genre Sèvres, monture en bronze.

133. — Bouteille en céladon bleu, de *Deck.*

134. — Lot d'environ vingt pièces en ancien grès flamands ou allemands, brocs, pichets, etc.

135. — Lot de porcelaines variées.

136. — Porcelaines diverses.

OBJETS VARIÉS

137. — Christ en cuivre, sur croix en émail champlevé, XIIIe siècle.

138. — Deux croix processionnelles en cuivre, XIIIe siècle.

139. — Plat creux en émail champlevé.

140. — Pendule-cartel avec son support cul-de-lampe, en marqueterie de cuivre, ornée de bronzes.

141. — Pendule religieuse en bois de placage ornée de bronzes. Epoque Louis XIII.

142. — Lot de cannes, béquilles en argent et or.

143. — Trois petits seaux à anse en cuivre.

144. — Pendulette en bronze doré. Epoque Empire.

145. — Ecritoire en marbre, orné de camées.

146. — Vasque en cuivre repoussé à deux anses anneaux.

147. — Deux bas-reliefs en cuivre.

148. — Lot d'étains anciens.

149. — Lot de flambeaux divers en bronze et en cuivre.

150. — Paire de flambeaux en bronze à figures de femmes, style Louis XVI.

151. — Huit paires de vases en émail cloisonné de Chine et du Japon.

152. — Grand vase de forme aplatie en émail cloisonné.

153. — Flambeau de pagode en ancien émail cloisonné de Chine.

154. — Sept plats en émail cloisonné

155. — Paire de coqs et de perdrix en émail cloisonné chinois.

156. — Trois armures en fer.

157. — Casques, cuirasses, rondaches.

158. — Lot d'armes européennes et orientales. Epées, sabres, poignards, etc.

159. — Jument et son poulain en bronze.

160. — Statuette équestre, cavalier tartare, en bronze.

161. — Cosaque à cheval en bronze.

162. — Cheval couché en bronze.

163. — Quatre pièces, presse-papiers, ours, chevaux en bronze.

164. — Cheval mort et loup. Groupe en bronze.

165. — Panneau de forme cintrée en bois sculpté et peint représentant une descente de croix.

166. — Baromètre en bois sculpté peint et doré.

167. — Panneau en bois sculpté, sujet mythologique.

MEUBLES & SIÈGES

168. — Grand meuble flamand en noyer et palissandre, de forme architecturale à colonnes, corniche décorée de frises, XVIIe siècle.

169. — Coffre en bois sculpté ; trois panneaux l'Annonciation. En partie renaissance.

170. — Coffre en bois sculpté à fenestrages gothiques.

171. — Grand coffre en bois sculpté, bas relief à personnages. Frise de feuillages.

172. — Grand meuble en bois sculpté ouvrant à deux portes et tiroir, sur support à colonnes torses.

173. — Meuble à deux portes et tiroirs en bois mouluré.

174. — Deux armoires ouvrant à une porte, en bois sculpté, motifs de cariatides, feuillages, fleurs et fruits.

175. — Petit coffre en bois sculpté, panneau et cariatides en bas-relief.

176. — Petite table bureau de style Louis XV en bois de placage, garniture de bronzes.

177. — Commode en acajou à 3 tiroirs. Epoque Louis XVI. Dessus de marbre blanc, transformée en toilette.

178. — Trois meubles à hauteur d'appui, ouvrant à trois et deux portes vitrées en bois noir, filets de cuivre, ornés de bronzes. Dessus de marbre blanc, style Louis XVI.

179. — Petite encoignure en bois de rose, dessus de marbre blanc. Epoque Louis XVI.

180. — Petite console servante à coins arrondis en acajou. Dessus de marbre à galerie de cuivre. Epoque Louis XVI.

181. — Bureau bonheur du jour en bois de placage de style Louis XVI, orné de bronzes. Dessus de marbre blanc. Galerie de cuivre.

182. — Chiffonnier à sept tiroirs en bois verni noir, orné de bronzes.

183. — Vitrine en marqueterie de bois de couleurs, à fleurs, ancien travail hollandais.

184. — Table en bois noir de forme contournée. Dessus de malachite.

185. — Fauteuil en bois sculpté en partie Louis XIII.

186. — Fauteuil en bois sculpté canné, Epoque Louis XV.

187. — Grande stalle en bois sculpté avec dais. Style gothique.

188. — Grande stalle à deux places en bois sculpté. Style gothique.

189. — Deux chaises à haut dossier en bois sculpté et incrustations.

190. — Stalle en bois sculpté avec panneau central, personnages soutenant un écusson et dauphins, crête ajourée.

191. — Trois stalles de chœur en bois sculpté, accotoirs à consoles.

192. — Deux escabeaux en bois sculpté, dossier ajouré, style moyen-âge.

193. — Grand fauteuil et une chaise en bois sculpté, recouverts en velours.

TAPISSERIES ANCIENNES

BRODERIES

194. — Petit tableau en ancienne tapisserie flamande XVIe siècle, représentant Jésus portant l'agneau pascal, fond de paysage.

Hauteur 1m10; Largeur 0m55.

195. — Petit tableau en ancienne tapisserie flamande, représentant Assuérus, Haman et Esther. XVIe siècle.

Hauteur 0m85; Largeur 1 mètre.

196. — Petit tableau en ancienne tapisserie flamande, sujet tiré du nouveau testament : le Christ et deux personnages, avec inscription sur une banderole. XVIe siècle.

Hauteur 0^m65; Largeur 0^m75.

197. — Petit tableau en ancienne tapisserie flamande, représentant l'Adoration des Mages. XVIe siècle.

Hauteur 0^m75; Largeur 0^m70.

198. — Tapisserie rectangulaire d'Aubusson, verdure paysage avec grand oiseaux et pagode chinoise dans le goût de Pillement. Encadrement de bordures à rinceaux de feuillages et fleurs. Epoque Louis XV.

Hauteur 2^m70; Largeur 2^m30.

199. — Tapisserie rectangulaire flamande, sujet à personnages dans un paysage. Encadrement de bordures, sur trois côtés à fleurs feuillages, fruits, roseaux. Commencement du XVIIe siècle.

Hauteur 2^m15; Largeur 2^m40.

200. — Tapisserie rectangulaire de la fabrique de Bruxelles, d'après Téniers, représentant dans un paysage sur un chemin, au premier plan, paysanne et sa fille conduisant deux vaches, un paysan assis au bord de la route les interpelle. Fond de paysage montagneux, avec rivière, pont et habitations. Encadrement de bordures simulant un cadre à feuilles d'acanthe et culots. Sur le milieu des bordures, haut et bas cartouches à coquille et feuillage. Epoque Louis XIV.

Hauteur 2^m90; Largeur 2^m50.

201. — Tapisserie rectangulaire flamande, représentant dans un paysage traversé par une rivière, avec pont, vue de ville et grands arbres, des groupes à petits personnages. Berger jouant de la flûte et deux groupes galants. Bordures sur deux côtés, enroulement et torsades de fruits et fleurs. Époque Régence.

Hauteur 2m95; Largeur 3m20.

202. — Tapisserie rectangulaire d'Arras représentant un sujet tiré de l'histoire ancienne, à grands personnages. Encadrement de bordures, figures allégoriques, chutes de fruits, feuillages. Commencement du XVIIe siècle.

Hauteur 3m20; Largeur 2m50.

203. — Tapisserie rectangulaire flamande. Elle représente Diane sortant du bain servie et parée par ses suivantes, dans un paysage. A gauche, suspendu à un arbre, une draperie qui soutient un amour. Époque Régence.

Hauteur 2m50; Largeur 3m40.

204. — Bandeau fait d'un fragment en ancienne tapisserie flamande à torsades de fleurs, fruits et feuillages. Epoque de la Régence.

Longueur 2m50.

205. — Très grande tapisserie d'Aubusson. Elle est coupée en trois morceaux, un grand et deux petits. Le grand fragment représente un sujet pastoral d'après Huet, à gauche un groupe de chasseurs dont un tire une perdrix. Au centre groupe de bergères et moutons. Vers la droite une bohémienne dit la bonne aventure à une paysanne et son enfant, un peu plus loin un jeune enfant au milieu de moutons, vache, bélier. Fond de paysage, ville dans le lointain et temple en ruine. Bordure sur trois côtés, enroulement de fleurs sur baguettes. Époque Louis XV.

Dimension du grand panneau : Hauteur 2m25; Longueur 5m90.
— de chaque petit — : Hauteur 2m25; Longueur 0m95.

206. — Bandeau en ancienne tapisserie flamande, corbeilles de fleurs, amours et attributs, fleurs et fruits. XVIIe siècle.

Hauteur 0m40; Longueur 6m70.

207. — Petit fragment d'ancienne tapisserie flamande en deux morceaux représentants des amours. Epoque XVIIe siècle.

208. — Tenture en ancienne tapisserie flamande de la fin du XVIe siècle, représentant, dans des paysages avec animaux divers et personnages, bordures à feuillages et fruits. Elle comprend sept panneaux et fragments divers.

Développement 12m50 environ.
Hauteur 2m —

209. — Fragment d'ancienne tapisserie à personnages dans un paysage.

210. — Quatre petits tableaux en broderie ancienne XVIe et XVIIe siècle.

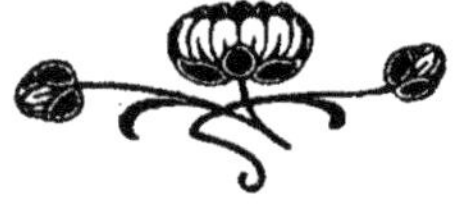

IMP. HENRI SCHILLER - PARIS

www.ingramcontent.com/pod-product-compliance
Ingram Content Group UK Ltd.
Pitfield, Milton Keynes, MK11 3LW, UK
UKHW021100270726
13994UKWH00009B/1713